ASSASSIN ET VICTIME

OU L'AFFAIRE

VICTOR NOIR

PAR

M. EDOUARD GRIMBERT

Président de la Ligue universelle pour la Paix, la Justice
et le Droit
Président de la Société internationale de sténographie, et de
l'Association de la Presse pacifique
Directeur-Propriétaire de la Revue pacifique et littéraire,
du Journal du Patriote
et de la Bibliothèque pacifique universelle.

1894

NIMES

IMPRIMERIE TYPOGRAPHIQUE Vve LAPORTE
Ruelle des Saintes-Maries, 7

ASSASSIN ET VICTIME

OU L'AFFAIRE

VICTOR NOIR

ASSASSIN ET VICTIME

OU L'AFFAIRE

VICTOR NOIR

PAR

M. Edouard GRIMBERT

Président de la Ligue universelle pour la Paix, la Justice
et le Droit
Président de la Société internationale de sténographie, et de
l'Association de la Presse pacifique
Directeur-Propriétaire de la Revue pacifique et littéraire,
du Journal du Patriote
et de la Bibliothèque pacifique universelle

1894

NIMES

IMPRIMERIE TYPOGRAPHIQUE Vve LAPORTE
Ruelle des Saintes-Maries, 7

PRÉFACE DE L'AUTEUR

A tous les sincères patriotes, à tous les loyaux républicains, à tous les amis de la liberté, je dédie ce petit livre. Si imparfait qu'il soit, je souhaite que cet ouvrage soit lu avec une profonde attention et que pour tous, il soit fertile en leçons.

Peut-être sera-t-il attaqué, discuté, commenté vivement et passionnément. En l'écrivant, j'ai rempli un devoir sacré, voulant rendre à la mémoire de Victor Noir l'hommage respectueux qui lui est dû.

La France n'a point oublié ces dix-huit ans de guerres et de despotisme. Sedan et Metz sont toujours présents à son esprit. Ses plaies ne se sont pas encore cicatrisées. L'Alsace et la Lorraine sont toujours allemandes!

Souvenons-nous que la dictature imposée par la force est une honte pour un peuple qui ne la veut point subir. Soyons prêts à mourir pour la défense de la Loi et de la Constitution.

En parcourant le récit de l'assassinat du 10 janvier 1870, dont j'ai relaté les détails en écrivain amoureux de la vérité, puisse le lecteur chérir encore davantage la République, cette République, née dans la boue sanglante de Sedan, faite de sang, de hontes et de larmes, qui a arraché notre pays de l'abîme où la politique incohérente du gouvernement impérial l'avait précipitée.

Alors, ce travail n'aura pas été inutile et je me croirai amplement payé de mon labeur, si quelques-uns de ceux qui me liront, apprennent à mieux connaître et à mieux aimer la France et la République.

Edouard GRIMBERT

ASSASSIN ET VICTIME

OU L'AFFAIRE

VICTOR NOIR

CHAPITRE Ier

Au commencement de la sombre année 1870, l'étoile impériale avait singulièrement pâli; la fortune de l'empire décroissait de jour en jour; le régime despotique de Décembre était sapé dans ses fondements; les hommes néfastes de 1851 sentaient le sol se dérober sous eux, et les rangs de l'opposition grandissaient sans cesse, d'une foule de patriotes apportant à la cause républicaine l'appui de leur parole et de leur plume.

La presse libérale n'avait jamais été si ardente. L'*Avenir National, la Lanterne, la Marseillaise, la Revanche, le Réveil, la Revue politique, la Tribune*, etc., tonnaient violemment contre le despotisme abominable qui, depuis dix-huit ans, broyait la

France sous sa main de fer, annihilant toutes les libertés.

L'empire avait vécu! Le pays se ressaisissait! Les consciences opprimées se révoltaient! La République triomphante, symbole de l'affranchissement et du progrès, allait encore une fois rayonner sur la patrie!

Le coup de foudre du 10 janvier 1870 devait encore précipiter la chute du gouvernement impérial. La balle d'Auteuil atteignait en plein cœur cet empire inique, abhorré par tous les honnêtes gens.

Un journal corse, la *Revanche*, s'étant permis de discuter l'étrangeté de la conduite du prince Pierre-Napoléon Bonaparte, cousin de Napoléon III et élu député de la Corse en 1848, le prince furieux publia l'article suivant dans la feuille impérialiste : l'*Avenir de la Corse* :

« Je pourrais multiplier des faits propres à faire battre le cœur de tous les enfants de la vieille Cirnos, ce *nido d'alleri*, nid de lauriers, comme on l'a dit justement; mais pour quelques malheureux *furdani* de Bastia, à qui les *Nicolini* du marché devraient se charger d'appliquer une leçon touchante; pour quelques lâches Judas, traîtres à leurs pays et que leurs propres parents eussent autrefois jeté à la mer dans un sac; pour deux ou trois nullités, irritées d'avoir inutilement sollicité des places, que de vaillants soldats, d'adroits chasseurs, de hardis marins, de laborieux agriculteurs la Corse ne compte-t-elle pas, qui abominent les sacrilèges et qui leur eussent déjà mis le *stenine per le porretti* (les tripes aux champs), si on ne les avait retenus?

» Laissons ces *vittoli* à l'opprobre de leur trahison, et qu'il me soit permis de rappeler un mot d'un diplomate américain qui, à propos des ordures que certains journaux et pamphlets ont jeté à la colonne, disait que la France est plus connue dans l'univers par Napoléon que Napoléon par la France.

» Napoléon n'a fait que son devoir, quand il a mis son génie et toutes ses facultés au service de la France qui l'en a largement récompensé par le culte voué à sa mémoire, culte dont le vote du 10 décembre a été la sublime manifestation : mais, je le dis, pour répondre aux ignorants et aux libellistes de mauvaise foi ; il n'est pas moins vrai que tous les écrivains militaires, français et étrangers, faisant autorité, conviennent qu'en 1796, la France était définitivement vaincue sans Bonaparte.

» Malgré les escargots rampant sur le bronze pour le rayer de leur bave, l'auréole du grand homme ne sera point ternie ; et s'il était possible de supposer un instant qu'elle le fût, ses détracteurs, mauvais patriotes, ne seraient parvenus qu'à amoindrir la France de sa plus glorieuse illustration.

» Que les Corses ne se préoccupent donc point du disparate que d'infimes folliculaires de Bastia tentent vainement d'établir dans des sentiments unanimes qui ont atteint le niveau d'une religion nationale.

» Que le pouvoir n'amène pas son pavillon, en consentant à des combinaisons qui confieraient les affaires du pays à ceux qui ne professent pas sincèrement cette religion.

» Que Dieu inspire ceux qui, d'une main ferme, élèveront nos aigles au-dessus des empiétements étrangers et des discordes intestines, et que notre chère Corse soit toujours fière de sa solidarité avec la France et avec son élu. — *Evviva li nostri!*

» Signé : P.-N. BONAPARTE »

A cette épître violente, haineuse, le rédacteur de la *Revanche*, M. Louis Tommasi, fit la verte réponse suivante :

« La renommée aux mille voix nous avait appris déjà les brillants faits et gestes de M. Pierre-Napoléon Bonaparte ; mais nous n'avions jamais pu apprécier comme aujourd'hui les fleurs de sa rhétorique, l'aménité de son style, la noblesse de ses pensées, la générosité de ses sentiments.

» Non, cet aigle n'est pas né, il n'a pas grandi dans un nid de lauriers !

» Non, ce prince n'est pas Corse !

» Il traite de mendiants (furdani) des hommes qui n'ont jamais frappé à sa porte, ni à celle d'aucun Bonaparte ; il qualifie de traîtres (vittoli) des citoyens indépendants qui pourraient lui donner des leçons de patriotisme.

» Non, ce furibond n'est pas un brave, puisqu'il injurie des adversaires politiques qui ont au moins le mérite de la sincérité, puisqu'il invective des citoyens qui n'ont aucun compte à lui rendre, et ne lui reconnaissent aucune supériorité.

» Prince Pierre-Napoléon Bonaparte, avez-vous oublié ce que vous écriviez aux citoyens de la Corse le 12 mars 1848 ?

» Alors vous étiez aussi pauvre que nous, et vous veniez mendier nos suffrages ; alors vous étiez plus républicain que nous, car vous voyiez dans le gouvernement de la République le moyen de faire fortune.

» Nous sommes des Judas, nous qui restons fidèles à notre passé, à notre drapeau, à nos serments, à notre religion politique !

» Nous sommes des traîtres à notre pays, nous

qui, en 1848, avons eu la naïveté de croire à la sincérité des professions de foi des Bonaparte !

» Nous sommes des nullités irritées d'avoir inutilement sollicité des places !...

» Prince Pierre-Napoléon Bonaparte, si cela est vrai, vous devez en produire la preuve ; sinon, savez-vous comment s'appellent ceux qui disent le contraire de la vérité ?

» Prince Pierre-Napoléon Bonaparte, nous sommes des ignorants ; mais, quand vous voudrez recevoir une leçon d'histoire et de droit, nous vous prouverons, le *Bulletin des Lois* en main, que Napoléon Bonaparte, premier consul, que Napoléon Ier, empereur, a commis des actes de tyrannie atroce.

» Menacer quelqu'un de lui arracher les tripes, ce n'est pas prouver qu'il a tort ; les bons arguments sont toujours préférables aux actes de violence et de brutalité.

» Au surplus, nous prenons acte des extravagantes menaces que nous adresse M. Pierre-Napoléon Bonaparte. Nous prenons la France à témoin de cette provocation insolente, et nous en laissons à notre adversaire toute la responsabilité. »

LOUIS TOMMASI,
Bâtonnier de l'ordre des avocats, à Bastia. »

Puis, le numéro suivant de la *Revanche* publia la profession de foi, qu'en 1848, le prince Pierre Bonaparte avait adressée aux électeurs Corses :

« Citoyens,

Mon père était républicain ; je le suis donc par conviction, par instinct, par tradition.

La République telle qu'il la comprenait, telle que la comprennent les grands citoyens qui viennent de l'inaugurer si noblement en abolissant la peine de mort en matière politique, la République est la plus belle réalisation des théories qui peuvent inspirer l'amour du prochain, de la gloire et de la patrie. La sagesse des vues, la pureté des intentions, la modération des mesures, voilà la trinité sainte qui résume la doctrine d'un vrai républicain. Le renouvellement des sanglantes saturnales, des odieux excès que provoqua jadis l'excès du mal, est, désormais, heureusement impossible. Aux hypocrites alarmistes, aux ennemis patents ou cachés de la République, le peuple héroïque de Paris, ce peuple invincible dans le combat, si généreux dans le triomphe, ce peuple qui avait tant souffert, a fait la meilleure réponse par son attitude calme, confiante et résolue. Le choix des hommes qu'il a mis à sa tête est une garantie que le drapeau de la République ne sera plus profané ni par de coupables fureurs, ni par de honteuses faiblesses. Tel est le radieux avenir qui se prépare pour la France, tel est l'ordre social que je suis prêt à servir jusqu'à la dernière goutte de mon sang !

Vive la France ! Vive la République ! Vive la Corse !

PIERRE-NAPOLÉON BONAPARTE. »

Les élections terminées (le coup d'Etat accompli), Pierre Bonaparte arracha le masque dont il s'était couvert, et reniant la cause politique que jusqu'alors il avait défendue, applaudit à l'œuvre infâme de l'empire inique.

———

CHAPITRE II

La lutte était engagée : Pierre-Napoléon Bonaparte chargea deux de ses amis d'arrêter avec M. Tommasi, le rédacteur en chef de la *Revanche*, les préliminaires d'une rencontre.

Un incident inattendu se produisit. Les journaux parisiens avaient cité dans leurs colonnes la polémique entre le prince et la revue corse. L'un d'eux, la *Marseillaise*, publia sur cette polémique, sous la signature d'un de ses rédacteurs, M. Lavigne, plusieurs articles suivis de réflexions peu tendres pour la famille Bonaparte.

Le rédacteur en chef de la *Marseillaise* était Henri Rochefort, directeur de la *Lanterne*, bête noire de l'Empire.

Outré de colère et de dépit, le prince Pierre-Napoléon rédigea, de concert avec son ami intime, M. Paul de Cassagnac, le brutal cartel suivant qu'il adressa à M. Rochefort :

« Paris, 9 janvier 1870

» Monsieur,

» Après avoir outragé l'un après l'autre chacun des miens, et n'avoir épargné ni les femmes ni les enfants, vous m'insultez par la plume d'un de vos manœuvres.

» C'était tout naturel et mon tour devait arriver.

» Seulement, j'ai peut-être un avantage sur la plupart de ceux qui portent mon nom, c'est d'être un simple particulier, tout en étant Bonaparte.

» Je viens donc vous demander si votre encrier est garanti par votre poitrine, et je vous avoue que je n'ai qu'une médiocre confiance dans l'issue de ma démarche.

» J'apprends, en effet, par les journaux, que vos électeurs vous ont donné le mandat impératif de refuser toute réparation d'honneur, et de conserver votre précieuse personne.

» Néanmoins, j'ose tenter l'aventure, dans l'espoir qu'un faible reste de sentiment français vous fera départir, en ma faveur, des mesures de prudence et de précaution dans lesquelles vous vous êtes réfugié.

Si donc, par hasard, vous consentez à tirer les verroux protecteurs qui rendent votre honorable personne deux fois inviolable, vous ne me trouverez ni dans un palais, ni dans un château.

« J'habite, tout bonnement, 59, rue d'Auteuil, et je vous promets que, si vous vous présentez, on ne vous dira pas que je suis sorti.

» En attendant votre réponse, monsieur, j'ai encore l'honneur de vous saluer.

» PIERRE-NAPOLÉON BONAPARTE »

Après avoir pris connaissance de la lettre du prince, Henri Rochefort, se faisant un devoir de relever le gant d'un Bonaparte, donna à MM. Millière, secrétaire de la rédaction de la *Marseillaise*, et Arthur Arnould, mission de demander à Pierre-Napoléon une réparation immédiate.

Les témoins de Rochefort arrivèrent le 10 janvier devant le nº 59 de la rue d'Auteuil, où demeurait le prince. A peine étaient-ils descendus de voiture que la porte cochère s'ouvrit violemment et un homme, tête nue, pâle, sinistre, un pistolet à la main, s'élança dans la rue en s'écriant : « N'entrez pas ! On assassine ici ! A l'assassin ! A l'assassin ! »

Presque au même instant, un corps venait s'abattre inanimé sur le trottoir.

Que s'était-il donc passé ?

En même temps qu'il avait répondu à l'article violent publié par le prince Pierre-Napoléon Bonaparte dans l'*Avenir de la Corse*, le rédacteur en chef de la *Revanche de Bastia*, M. Louis Tommasi, avait adressé à tous les journaux libéraux de la capitale, la protestation suivante :

« Dans un pays comme le nôtre, où les passions sont si faciles à enflammer, il est bon qu'à tout évènement, le public connaisse les menaces qui sont adressées par un prince impérial à des journalistes corses. »

Un enfant de la Corse, l'un des fondateurs de la *Revanche*, dont il était le représentant à Paris, M. Paschal Grousset, homme d'un tempérament ardent, avide de gloire et de succès, désireux de participer activement aux passions de son pays, chargea deux de ses amis, rédacteurs à la *Marseillaise*, MM. Ulric de Fonvielle et Victor Noir, de demander réparation par les armes, au prince Napoléon, des injures contenues dans l'article publié par lui dans l'*Avenir de la Corse*. Voici le texte de la lettre, qu'à ce sujet, il leur adressa :

« Mes chers amis,

» Voici un article récemment publié avec la signature de M. Pierre-Napoléon Bonaparte, et où se trouvent à l'adresse des rédacteurs de la *Revanche*, journal démocratique de la Corse, les insultes les plus grossières.

» Je suis l'un des rédacteurs-fondateurs de la *Revanche*, que j'ai mission de représenter à Paris.

» Je vous prie, mes chers amis, de vouloir vous présenter en mon nom chez M. Pierre-Napoléon Bonaparte, et lui demander la réparation qu'aucun homme d'honneur ne peut refuser dans ces circonstances.

» Croyez-moi, mes chers amis, entièrement à vous.

» PASCHAL GROUSSET. »

Yvan-Victor Salmon, dit Noir, n'était âgé que de vingt-deux ans. Collaborateurs à diverses feuilles de l'opposition, au *Journal de Paris*, au *Corsaire*, au *Satan*, à la *Gazette de Java*, au *Pilori*, à la *Gazette secrète*, au *Rappel*, à la *Marseillaise*, à toutes ces publications que l'empire cherchait à détruire au fur et à mesure leur apparition, cet hercule bon enfant avait, peu à peu, acquis un renom dans les lettres, à force d'énergie et de volonté. Ami sincère et dévoué, toujours prêt à rendre service, il accomplissait les plus graves missions, ayant une foi vive, profonde, indéracinable, une confiance inébranlable dans la bonté de la cause qu'il défendait.

Ulric de Fonvielle était, à cette époque, âgé de trente-sept ans. Ancien officier de l'armée Garibaldienne, il avait reçu la croix pour sa bravoure au cours de la campagne d'Italie.

Les deux témoins de M. Paschal Grousset, devançant les envoyés de M. Rochefort, pénétrèrent dans la maison du prince Bonaparte, à une heure de l'après-midi.

Victor Noir, calme, tranquille, abordait sans aucune appréhension, avec le même sourire bon enfant sur les lèvres, le logement du farouche Pierre Napoléon. Avant de partir, il avait dit à sa vieille servante, riant aux éclats : « Brosse-moi bien aujourd'hui, je vais chez un prince. Il faut montrer à ces gens-là ce que c'est que les gentilshommes. »

Victor Noir et Ulric de Fonvielle remirent leurs cartes à deux domestiques qui les firent entrer au parloir, en les priant d'attendre quelques minutes.

Tout à coup le bouton d'une porte s'agita ; la porte s'ouvrit et le prince Pierre-Napoléon Bonaparte parut.

Les deux témoins s'avancèrent vers lui, chapeau à la main.

« — Vous venez de la part de M. Rochefort et êtes sans doute de ses manœuvres, dit le prince d'une voix stridente.

» — Non, Monsieur. Nous sommes envoyés par M. Paschal Grousset et vous prions de vouloir

bien prendre connaissance de cette lettre qu'il nous a chargés de vous remettre. »

Pierre-Napoléon Bonaparte s'empara de la lettre qu'on lui tendait, se dirigea vers une fenêtre, la lut, la froissa dans ses mains et revint vers ses deux interlocuteurs.

« — J'ai provoqué M. Rochefort, dit-il, parce qu'il est le porte-drapeau de la crapule. Quant à M. Grousset, je n'ai rien à lui répondre. Est-ce que vous êtes solidaires de ces charognes ?

» — Monsieur, répondit de Fonvielle, nous venons chez vous loyalement et courtoisement remplir le mandat que nous a confié notre ami.

» — Etes-vous solidaires de ces misérables ? répéta le prince.

» — Nous sommes solidaires de nos amis, dit Victor Noir. »

Alors, sans aucune provocation de la part de Noir ou de Fonvielle, Pierre-Napoléon Bonaparte s'avançant subitement d'un pas, donna de la main gauche un soufflet au premier, puis, de la droite, tirant un revolver à dix coups qu'il tenait tout armé et caché dans sa poche, fit feu à bout portant sur Victor Noir.

« Noir, dit M. Ulric de Fonvielle, bondit sous le coup, appuya ses deux mains sur sa poitrine, et s'enfonça dans la porte par où nous étions entrés.

» Le lâche assassin se précipita alors sur moi et me tira un coup de feu à bout portant.

» Je saisis alors un pistolet que j'avais dans la poche et, pendant que je cherchais à le sortir de son étui, le misérable se rua sur moi ; mais lorsqu'il me vit armé, il recula, se mit devant la porte et me visa.

» Ce fut alors que me rendant compte que si je tirais un coup de feu, on ne manquerait pas de dire que nous étions les agresseurs, j'ouvris une porte qui se trouvait derrière moi, et je me précipitai en criant à l'assassin.

» Au moment où je sortais, un second coup de feu partit, et traversa de nouveau mon paletot.

» Dans la rue, je trouvai Noir, qui avait eu la force de descendre l'escalier et qui expirait. »

C'est à ce moment que MM. Millière et Arthur Arnould, témoins de Rochefort, arrivaient devant la sinistre maison d'Auteuil.

CHAPITRE III

La nouvelle de l'assassinat de Victor Noir se répandit dans la capitale comme une traînée de poudre ; à l'annonce de la mort inique du jeune journaliste, il y eut tout d'abord, dans Paris, comme un vague sentiment d'indéfinissable stupeur. Le nom de la victime, connu la veille, seulement dans les salles de rédaction, était, le 10 janvier, dans toutes les bouches. On doutait, on niait, ne pouvant se résoudre à ajouter foi à cette terrible nouvelle. Des groupes se formaient, des promeneurs s'interrogeaient à voix basse, se racontant les péripéties de cette dramatique histoire.

L'empereur descendait du train, revenant de Saint-Cloud, lorsqu'on lui apprit la mort de Victor Noir. Une livide pâleur se répandit sur son visage, il regagna précipitamment son palais des Tuileries. Le soir, les séances publiques furent levées en signe de deuil au milieu des cris non interrompus d'indignation et de protestation qui partaient de toutes parts. Quelques tribunes furent recouvertes d'un drap mortuaire.

Le lendemain, 11 janvier, la *Marseillaise* paraissait encadrée de noir et publiait en caractères énormes, sous la signature de M. Henri Rochefort, l'entrefilet suivant. Elle contenait en outre les dépositions de MM. Ulric de Fonvielle, Millière, Arthur Arnould et Paschal Grousset :

« *Assassinat commis par le prince Pierre-Napoléon Bonaparte sur le citoyen Victor Noir.*

» *Tentative d'assassinat commise par le prince Pierre-Napoléon Bonaparte sur le citoyen Ulric de Fonvielle.*

» J'ai eu la faiblesse de croire qu'un Bonaparte pouvait être autre chose qu'un assassin !

» J'ai osé m'imaginer qu'un duel loyal était possible dans cette famille, où le meurtre et le guet-apens sont de tradition et d'usage.

» Notre collaborateur Paschal Grousset a partagé mon erreur, et aujourd'hui nous pleurons notre pauvre et cher ami Victor Noir, assasiné par le bandit Pierre-Napoléon Bonaparte.

» Voilà dix-huit ans que la France est entre les mains ensanglantées de ces coupe-jarrets, qui non contents de mitrailler les républicains dans les rues, les attirent dans des pièges immondes pour les égorger à domicile.

» Peuple français, est-ce que décidément tu ne trouve pas qu'en voilà assez ?

» Henri Rochefort. »

Le même jour, on lisait dans le *Journal Officiel :*

« En apprenant la nouvelle de l'homicide commis par le prince Pierre Bonaparte, M. le garde des sceaux a aussitôt ordonné son arrestation.

» Le prince avait été au-devant de cet ordre en se constituant prisonnier, dès cinq heures, entre les mains du commissaire de police d'Auteuil. Il a été immédiatement conduit à la Conciergerie. »

La lettre suivante fut adressée à tous les journaux quotidiens :

« Je vous prie de vouloir bien insérer, dans votre numéro de demain matin, la note suivante :

» Aussitôt que le garde des sceaux a appris le fait qui s'est passé à Auteuil, il a ordonné l'arrestation immédiate de M. Pierre Bonaparte. L'empereur a approuvé cette décision. L'instruction est déjà commencée.

» Veuillez agréer, Monsieur le rédacteur, l'assurance de mes sentiments très distingués.

» *Le Chef du Cabinet,*

» ADELON. »

Tous les amis de Victor Noir, connus et inconnus, voulurent une dernière fois contempler la bonne et loyale figure de cette victime de la cause républicaine. Le petit logement de Neuilly, passage Masséna, rue Perronet, où avait été transporté le mort, était plein de gens venus pour adresser un suprême adieu au cadavre. Plus de cinq mille personnes se succédèrent dans la chambre mortuaire.

La douleur de la famille Noir était poignante. Le frère aîné, Louis, sa femme et son jeune fils, le petit Ernest, répandaient des torrents de larmes devant cette couche où dormait du dernier sommeil, un martyr de la démocratie. M. Salmon père était au lit, malade, et sa femme, trop âgée, ne pouvait prendre sa part de ces cruelles émotions.

Au-dessous du cœur était un petit trou noir, si petit, que le concierge Fausch, suivant sa simple expression, avait à peine pu y mettre le bout de son petit doigt. Un mince filet de sang en découlait et le jeune Ernest disait dans son naïf langage en contemplant ce triste spectacle : « Comme il saigne ! Ils lui ont donc bien fait du mal ? »

Les obsèques de Victor Noir furent fixées pour le mercredi douze janvier. La famille avait vainement demandé que l'inhumation eût lieu au Père-Lachaise ; la loi voulait que l'enterrement se fît au cimetière de Neuilly. Plus de cinq cents personnes avaient passé la nuit aux alentours de la maison mortuaire, craignant que la police n'enlevât le cadavre.

Spectacle douloureux ! Un vieillard malade, hâve, pâle, fendit la foule, gravit péniblement l'escalier qui conduisait à la chambre mortuaire, pénétra dans ce sanctuaire de la mort et, au milieu d'un silence solennel, presque effrayant, posant son doigt sur le front glacé de Victor Noir, prononça lentement les paroles suivantes :

« Victor, écoute. Ton père ne demande qu'une chose, justice, non pas la justice des princes à l'homme du peuple, mais une justice légale, loyale et véritable ; autrement je rentre dans mon droit. Un corse t'a frappé, en corse j'agirai. »

Puis, ayant ainsi fait ses adieux à son fils, le père Noir, brisé par la douleur, redescendit, le corps secoué par les sanglots, le crâne bourdonnant, un voile de plomb devant les yeux.

La journée du onze janvier et la matinée du douze se passèrent à préparer une grande manifestation. La foule immense se dirigea vers la maison mortuaire par l'avenue de la Grande-Armée et l'avenue de Neuilly. Paris tout entier était là ; bourgeois et ouvriers, unis par la même pensée, poussaient tous le cri formidable de protestation contre l'Empire, contre cette race qui n'épargnait point les victimes. Les usines étaient vides, la plupart des magasins fermés. La capitale faisait à son enfant des funérailles dignes d'un souverain.

L'armée était également sur pied. La garnison de Versailles était massée à Courbevoie ; des troupes nombreuses étaient groupées aux abords du Champ-de-Mars, du Palais de l'Industrie, aux alentours du Corps législatif et du Palais des Tuileries. Des escouades de sergents de ville se dissimulaient du côté de la porte Maillot et de la porte de Neuilly. Le ministre de l'intérieur, M. Chevandier de Valdrôme, parcourait à cheval toutes les avenues, inspectant la troupe.

La pluie tombait fine, battante, incessante, glacée. Le fleuve humain descendait au funèbre rendez-vous. Deux cent mille personnes entassées, passionnées, nerveuses, vibrantes, montraient le poing aux Tuileries, éprouvant un sentiment unanime, une unique colère contre le meurtrier et l'Empire.

L'heure du départ approchait. A une heure cinquante, arriva Rochefort. Chef de l'opposition, le seul des membres de la gauche qui fût venu prendre sa place parmi la foule immense, prenant forcément la direction et la responsabilité des évènements, Henri Rochefort fut véritablement, ce jour-là, le maître de deux cent mille humains.

Cependant, il fallait prendre un parti. La foule impatiente, surexcitée, plus exaltée de moment en moment, discutait le lieu de l'inhumation. Les avis étaient partagés. Quelques emportés, bouillants, voulaient marcher droit sur Paris, escortant le cercueil, pistolet au poing ; d'autres, plus prudents, au nombre desquels se trouvaient Louis Noir, Rochefort, Delescluze, redoutant l'impossibilité matérielle d'une lutte, voulaient porter le corps au cimetière de Neuilly.

Louis Noir, paraissant à la grille de la maison mortuaire, monta sur une borne et harangua la foule, conjurant les assistans de rester calmes et de conduire sans combat, la victime au champ du repos.

Henri Rochefort paraît à son tour à une fenêtre et s'écrie au milieu du silence religieux qui s'est fait :

« Citoyens, en présence d'un évènement aussi grave, d'une situation aussi difficile, je comprends qu'il est impossible de conserver la modération que commandent les intérêts de notre belle cause. Des obstacles insurmontables nous attendent à Paris. Le gouvernement, et je le sais de source certaine, le gouvernement a pris des dispositions stratégiques formidables. Il est à peu près impossible de porter le corps de Noir dans Paris. L'ennemi, toujours prêt à nous écraser, nous attend de pied ferme. Nous sommes en nombre, je suis heureux de le constater, pour le repousser, mais il est armé, et bien armé ; et vous, citoyens, vous ne l'êtes pas !

» Ah ! vous ne savez pas que ce serait courir à une mort certaine, car le gouvernement n'attend que ce moment pour en finir à jamais avec la République, déjà forte et bien défendue. Je ne le sais que trop, et j'ai tant de confiance en lui, que je suis venu armé. Je n'ai plus le loisir de sortir autrement après l'assassinat de notre frère par Pierre Bonaparte.

» Quant à notre vengeance, nous l'aurons. L'occasion était aujourd'hui sans pareille, direz-vous, et elle ne se représentera plus. Erreur ! Tous les jours, nous en trouverons de plus favorables encore que celle que vous croyez perdre aujourd'hui.

» A la force qui s'opposerait au passage de la liberté, nous opposerons d'abord la force du droit, de la justice, et, s'il le faut ensuite, la force armée.

» Quant au gouvernement, nous n'attendons plus de lui satisfaction, nous ne voulons rien de lui, nous ne voulons plus de lui. Jamais un gouvernement sur la pente ne s'est relevé quand il a commencé à glisser. Sa chute est proche, sa chute est fatale ! C'est pourquoi je vous demande patience et calme.

» Conduisons notre frère au cimetière de Neuilly et descendons sans trouble dans Paris, la seule manifestation qu'il nous soit possible de faire aujourd'hui ; la manifestation de la rue ne saurait que compromettre la cause de la démocratie radicale. »

CHAPITRE IV

La foule applaudit à ces sages paroles. Après la voix de Rochefort, si justement populaire, c'est celle de Delescluze, ce vétéran de la cause républicaine, qui, montrant sa tête blanche et énergique, dit :

« Citoyens, la circonstance qui nous réunit est des plus graves et des plus solennelles : un de nos amis a été assassiné par un des membres de la famille Bonaparte. Il nous faut une vengeance, nous l'aurons. Mais le guet-apens est dressé. L'ennemi veille aux grilles ; il ne faut pas lui donner prise. (Oui ! oui !) Citoyens, notre désir était de porter le corps au Père-Lachaise, mais nous ne le porterons pas.

» Pour la première fois depuis dix-huit ans, le vent souffle dans nos voiles ; ne compromettons pas notre cause, la cause de tous les peuples, la cause de la justice. Il faut se conformer aux vœux de la famille de Victor Noir.

» Il faut laisser le convoi se diriger vers le cimetière de Neuilly. »

— Non ! non ! s'écrient les plus enragés.

— « Je vous en conjure, dit Louis Noir, évitez de nouveaux malheurs ! Ne donnez point à la force le droit de sévir ! »

« — Nul n'a le droit, reprend Rochefort, de violer les droits de la famille ; c'est sans bruit, pacifiquement, qu'il faut conduire notre mort au cimetière de Neuilly, et nulle autre part.

» D'ailleurs, nous n'attendrons point longtemps. Bientôt, nous acquerrons un terrain au Père-Lachaise, nous exhumerons notre ami, et nous le conduirons alors, à travers la ville, au champ de repos que vous aurez choisi ! »

Les efforts des orateurs sont enfin couronnés de succès ; ces sages avis l'emportent sur les projets bouillants. Le cercueil est descendu à bras d'hommes et placé dans le corbillard qui, après une demi-heure de pénibles efforts pour fendre ce flot humain sans cesse grossissant, est parvenu à s'approcher.

Le cortège funèbre se met en marche, s'acheminant vers le petit cimetière de Neuilly, où la dépouille mortelle de Victor Noir va reposer.

Pressé de toutes parts par la foule, Ulric de Fonvielle pâlit, chancelle et tombe, tandis que Rochefort, succombant sous le poids de tant d'émotions et n'ayant pris aucune nourriture, s'évanouit.

Transporté immédiatement chez un boutiquier, il reprend vite ses forces et se remet en marche ; la bière était déjà descendue du char, et Ulric de Fonvielle, s'avançant, dit d'une voix émue :

« En présence de cette tombe, en présence de vous tous, je jure que Victor Noir a été lâchement assassiné par Pierre Bonaparte, sans raison, sans motif, sans provocation. »

Les orateurs se succédèrent, adressant au jeune républicain quelques mots d'adieu, exhalant tous des pensées de haine et de vengeance.

Bientôt la terre recouvra celui qui avait été Victor Noir et le retour commença. Les avenues furent de nouveau remplies par une foule serrée, compacte, chantant la *Marseillaise* et le *Chant du Départ*, en proie à une animation indescriptible. Et, tout à coup, de deux cent mille poitrines, sortit un cri spontané, immense, irrésistible : « *VIVE LA RÉPUBLIQUE !* »

Au rond point des Champs-Elysées, la multitude fut arrêtée par la cavalerie des généraux de Clérambault et Montaigu. Un roulement de tambours se fit entendre. Un commissaire de police, ceint de son écharpe, se porta sur le front des troupes.

Henri Rochefort descendit de voiture, se dirigea vers le représentant de la loi et dit :

« — Je désire passer.

» — Vous ne passerez pas. On va charger.

» — Nous rentrons tranquillement à Paris, dit Rochefort ; vous n'avez pas le droit de nous en empêcher.

» — Retirez-vous : les troupes vont agir.

» — Mais je suis Henri Rochefort, député au Corps législatif, et par conséquent inviolable.

» — Eh bien, c'est vous qu'on sabrera le premier ! »

Au même instant un nouveau roulement de tambours se fait entendre, suivi d'une nouvelle sommation.

La foule se disperse. Le peuple ne veut pas de sang, ne se souciant point d'offrir de nouvelles victimes à l'Empire.

Enfin, après un troisième roulement et une troisième sommation, Rochefort pénétrait au Corps législatif.

Gustave Flourens qui s'était rendu aux funérailles, bien décidé à tenter la fortune des armes, ne pardonnait point à Rochefort de s'être opposé à la lutte, et, au lendemain des obsèques, donnait sa démission de rédacteur à la *Marseillaise.*

Pour expliquer sa conduite, Henri Rochefort écrivit ce qui suit :

« La révolution, c'est l'imprévu. Si vous faites publiquement savoir à votre ennemi que le lendemain à deux heures, vous lui brûlerez la cervelle au moment où il s'y attendra le moins, votre ennemi prend ses précautions et vous ne lui brûlez pas la cervelle. Le cousin Pierre Bonaparte s'est bien gardé d'aller raconter dans les réunions publiques qu'il assassinerait Victor Noir.

» J'étais le seul député présent. La foule a cru devoir me consulter. Quand la foule est bien résolue à marcher, elle ne consulte personne.

» Je savais que cent mille hommes de troupe et tous les canons imaginables avaient été mis en réquisition. Nous étions, nous, peu ou point armés, et nous nous trouvions à Neuilly, presque en province, et comme obligés d'assiéger Paris pour gagner les points stratégiques où une lutte peut s'engager.

» De plus les projets du lendemain avaient été éventés.

» Voilà pourquoi, prêt à me mêler au mouvement, s'il s'était spontanément produit, je n'ai pas cru devoir l'appuyer quand le peuple m'en a donné, dans une certaine mesure, la responsabilité ! »

De son côté. Louis Noir, le frère de la victime, s'adressant à Flourens, lui disait :

« Je regrette que votre article m'oblige à sortir de la réserve que je m'étais imposée.

» Il faut que je vous fasse le récit simple et vrai de tous les faits poignants de cette journée. Je vais m'efforcer d'être calme.

» Lorsque l'on m'eût rapporté le cadavre de mon cher Victor, assassiné par Pierre Bonaparte, je proposai aux amis dévoués qui accoururent de le transporter à Paris. On me fit remarquer que Paris n'était pas prêt, qu'une tentative imprudente compromettrait peut-être la cause républicaine.

» Brisé par l'émotion, je n'eus pas l'énergie de me décider à enlever seul le corps de mon frère. Le lendemain, après une nuit douloureuse, je me demandai quel était mon devoir. Ma conscience me dit clairement, hautement, que le cadavre de mon frère, mort pour la République, appartenait à la République.

» Je devais donc dire au parti républicain :

» Voici le corps de notre cher martyr ; ce que vous déciderez, je le ferai.

» Je fis connaître aux plus intimes amis, aux coreligionnaires politiques les plus amis de mon frère ma résolution ; on l'approuva.

» Je n'étais plus dès ce moment qu'un soldat républicain, ayant à faire mon devoir plus énergiquement que les autres, et je ne pouvais plus que m'incliner devant la volonté du parti.

» Ce parti, qui le représentait, citoyen Flourens ?

» J'ai posé à la foule des républicains qui se pressait sous mes fenêtres, cette question :

» Avec une grille solide formant une barrière, avec les remparts, avec les turcos et leurs fusils, avec l'infanterie armée de chassepots, avec la cavalerie cachée dans les Champs-Elysées, avec les batteries braquées sur la place de l'Etoile, avec les troupes prêtes à déboucher dans Neuilly aux flancs de notre colonne, par toutes les rues adjacentes, avec toute la garnison de Courbevoie derrière nous, le peuple sans armes, sous les chassepots et sous les canons de cent mille hommes, pourra-t-il entrer dans Paris ?

» On me répondit : « Non. »

» Le peuple, qui a l'instinct des heures fatales et des minutes décisives, ne voulait pas aller à Paris, car, s'il eût voulu, citoyen, vous, moi, tous ceux qui se seraient opposés à sa volonté, eussent été balayés par les vagues puissantes de la mer d'hommes que vous avez vu s'ouvrir respectueusement devant le cercueil.

» Voilà la vérité. Ce n'est au fond, ni Rochefort, ni Delescluze, ni moi qui avons empêché la foule d'aller à Paris, c'est elle qui n'y est pas allée, de par sa volonté.

» LOUIS NOIR. »

CHAPITRE V

L'opposition grandissait de jour en jour. L'empire affolé, en délire, résolut un grand coup. Dans la séance du 17 janvier, M. Emile Ollivier, garde des sceaux, demanda à la Chambre l'autorisation de poursuivre M. Henri Rochefort, député de la 1re circonscription de Paris. L'arrestation de Rochefort allait priver un représentant de ses droits civils et politiques, arracher au peuple un de ses mandataires. L'empire n'y regardait pas de si près.

Rochefort assista, dédaigneux, impassible, à la séance, ne répondant point aux paroles haineuses d'Emile Ollivier. Il prononça seulement, aux applaudissements des députés républicains présents, les quelques mots suivants :

« Je me bornerai a dire que les masses, qui s'inquiètent peu des questions de cabinet, ne verront par cette demande de poursuites qu'un moyen d'écarter à tout prix de la Chambre un député désagréable.

» Leur opinion sera celle-ci :

» A tout prix, il fallait écarter de la Chambre le député de la première circonscription. Or, si on l'emprisonne aujourd'hui, c'est qu'on a pas pu s'en débarrasser autrement.

» Je vois sur ces bancs deux anciens ministres, qui, par leurs incroyables procédés à mon égard, sont venus pour ainsi dire me prendre par la main et me conduire eux-mêmes sur les bancs du Corps législatif, et, dussé-je en souffrir, je n'aurai pas la naïveté d'empêcher, en me défendant, le gouvernement de commettre de nouvelles fautes, car les fautes que commet l'Empire, c'est la République qui en profite. » (Très bien ! à gauche. — Rumeurs à droite et au centre.)

Par deux cent vingt-deux voix sur deux cent cinquante-six votants, l'autorisation de poursuites demandée par le garde des sceaux lui fut accordée.

Emile de Girardin résuma cette séance dans les quelques lignes ci-après :

« Combattue par MM. Ernest Picard, Emmanuel Arago et Jules Simon, l'autorisation de poursuivre le député de la 1re circonscription de Paris, pour un article de journal, autorisation demandée par les ministres du 2 janvier, qui en ont fait à deux reprises une question de cabinet, a été votée par une immense majorité, deux cent vingt-deux voix contre trente-quatre, sur deux cent cinquante six votants, après deux discours, l'un de M. Nogent Saint-Laurent, rapporteur ; l'autre de M. Emile Ollivier, garde des sceaux.

» Je ne dirai rien de cette séance à laquelle j'ai eu la douleur d'assister.

» Les grandes douleurs sont muettes. »

Le 22 janvier 1870, Henri Rochefort fut condamné

par la magistrature impériale à six mois de prison et trois mille francs d'amende. Paschal Grousset et Dereure furent également condamnés à la même peine et deux mille cinq cents francs d'amende.

Le Rappel fut poursuivi pour publication d'un dessin représentant Victor Noir sur son lit de mort. Les rédacteurs de *la Réforme,* Vermorel, Malespine, Félix Pyatt, Jean-Baptiste Clément et l'imprimeur de cette publication farent condamnés à des peines variant entre un et six mois de prison.

Le 7 février, à 8 heures et demie du soir, M. Henri Rochefort était appréhendé, rue de Flandre, numéro 51, à la porte d'une réunion publique. Il fut immédiatement transporté dans un fiacre, conduit à la prison Sainte-Pélagie et mis au secret.

Le lendemain, *la Marseillaise* contenait cette nette protestation, signée par tous les rédacteurs :

« Hier au soir, à 8 heures et demie, Henri Rochefort. député de la 1re circsnscription de la Seine, représentant du peuple, a été arrêté par la police, sur les ordres de M. Emile Ollivier, au moment où il allait entrer dans la salle de *la Marseillaise*, louée par lui pour réunir ses électeurs.

» Il a été arrêté au milieu d'eux, se rendant au rendez-vous qu'ils lui avaient donné, fidèle jusqu'au bout à son mandat.

» Jamais affront plus sanglant n'est tombé sur la joue d'un peuple.

» C'est le Deux-Décembre recommencé, mais cette fois, de compte à demi avec les hommes de la rue de Poitiers.

» L'attentat ne frappe que la démocratie restée seule sur la brêche; mais la démocratie, en 1851, c'était un parti; en 1870, c'est la nation, c'est le peuple tout entier.

» C'est plus qu'une insulte : c'est une provocation!

» Collaborateurs, amis, coreligionnaires politiques de Rochefort, nous continuerons de tenir haut et ferme le drapeau qu'il tenait avec nous, et qu'il retrouvera, le jour venu, à moins qu'on ne l'arrache de nos mains.

» Ce drapeau, c'est le drapeau de la démocratie ssciale, de la revendication implacable.

» C'est le drapeau du peuple. Il nous conduira à la victoire, le jour où le peuple voudra bien.

ARTHUR ARNOULD, EDMOND BAZIRE, E. BOUSIN, GERMAIN CASSE, COLLOT, S. DEREURE, A. DUBUC, FRANCIS ENNE, ARTHUR DE FONVIELLE, ULRIC DE FONVIELLE, PASCHAL GROUSSET, CHARLES HABENECK, ALPHONSE HUMBERT, J. MILLIÈRE, G. PUISSANT, A. RANC, RAOUL RIGAULT, E. VARLIN, A. VERDURE. »

Les bureaux du journal furent transformés en sourricière, et, le soir même, la plus grande partie du comité de rédaction de *la Marseillaise* était arrêté. Scandale énorme et inutile ! Le lendemain, *la Marseillaise* paraissait avec une rédaction démocratique nouvelle.

Peut-être, à ce moment, l'Empire comprit toute son impopularité, se sentit profondément atteint. L'arrestation de Rochefort et de ses collaborateurs complétait l'œuvre de désorganisation depuis longtemps commencée et que l'assassinat de Victor Noir avait si bien poursuivie.

CHAPITRE VI

Ce fut le 21 mars 1870 que le prince Pierre-Napoléon Bonaparte comparut devant la haute cour de justice réunie à Tours. On donnait ainsi à l'accusé une juridiction choisie, des magistrats triés sur le volet.

Ce tribunal exceptionnel était composé de :

MM. Glandaz, président, ancien avocat; Zangiacomi, Pouillaude de Carnières, Bouchy, Gastambide, juges; Savary, suppléant. M. Grandperret occupait le siège de ministère public.

Le haut jury était composé de 39 membres dont les noms suivent, plus quatre membres supplémentaires :

MM. Amat, Bellon, Besson, Bach, Blanc, de Bloncaille, Chabert, Chapon, Alquier-Bouffard, de Dalmazay, Deltour, Doë, de Deux-Brézé, Dhavernas, Bouffard, Faure, Fougnot, Giraud, Harent, Kœchlin, La Mothe d'Incamps, Lapeyre, de Lartigues, Lemaître, Lauzan, Leroy, Maillet, Mercadier, Mesny, Pareu,

Peretti, Picon, de Plouvre, Poissonnier, Chabret, Regnaud, Rigaud, Rolland, Roussel. Jurés supplémentaires : MM. de la Gueronière, Morel, de Ruze, Schramm.

Quatre-vingt-quatre témoins avaient été cités.

Mes Leroux et Demange défendaient le prince. Clément Laurier et Charles Floquet avaient accepté la haute mission de défendre devant la cour la mémoire de la victime et de soutenir l'honneur du parti républicain.

Les témoins à charge et les témoins à décharge étaient séparés les uns des autres.

La foule se pressait dans le palais de Justice, curieuse, anxieuse, violemment surexcitée. Les passions ardentes les plus opposées, les haines les plus vivaces s'y rencontraient. Il n'y avait pas à s'y méprendre : c'était le procès de la République et de l'Empire qui allait se dérouler. Il n'y avait là ni juges, ni accusés, ni témoins, mais bien des adversaires politiques.

M. le président Glandaz ouvrit les débats en prononçant un discours dans lequel il s'éleva violemment contre « ces clameurs du dehors, ces condamnations sans examen, contre un homme placé sous la garde et sous la protection de la justice. »

Paschal Grousset comparut à la barre, comme témoin, entre deux gendarmes. Après lui avoir posé les questions d'usage, le président lui demanda s'il n'était point parent ou allié de l'accusé.

Grousset fit cette réponse impertinente, qui lui alliéna les sympathies de l'auditoire :

« Lœtitia a eu trop d'amants pour que je puisse assurer qu'il n'est pas mon parent. »

Puis il raconte ce qu'il a vu devant la maison d'Auteuil.

« Les voisins, dit-il, se pressaient autour de nous. « Qu'est-ce qu'il y a? demandait-on. » Rien, répondis-je, c'est un républicain qui a été tué par un Bonaparte. Et alors, spectacle douloureux et étrange, chacun se retirait effrayé et rentrait chez soi en fermant sa porte. On avait peur. Jamais, monsieur, je n'ai mieux compris qu'en ce moment la terreur qu'inspire cette famille dans le pays; jamais je n'ai plus vivement senti l'influence qu'exerce sur la population le régime que nous subissons depuis dix-huit ans. »

Le procureur général Grandperret se lève, et, furieux, requiert l'expulsion du témoin.

Toujours flanqué de ses deux gendarmes, Paschal Grousset repart, conservant la même apparence calme et froide.

Puis c'est au tour de Millière qui paraît, escorté également par deux gendarmes. Sa déposition correcte lui conquit les jurés.

A cette question du président :

« Pourquoi étiez-vous armé en vous rendant chez le prince? »

Millière répond :

« C'était un pistolet bijou, un cadeau de ma femme, une arme simplement défensive. »

Pierre-Napoléon Bonaparte interrompt violemment le témoin, calomniant ce dernier et le parti républicain tout entier.

« Je prierai la cour, dit Millière, de faire respecter mon témoignage par l'accusé. Le prince Pierre Bonaparte n'est pas plus autorisé à m'injurier que je n'ai le droit, comme témoin, de le faire. »

Henri Rochefort succède à Millière. Le représentant de Paris avait été la veille extrait de sa prison et amené de nuit à Tours.

Sa déposition, attendue par tous, passa inaperçue.

Un violent incident se produisit au cours de la déposition du capitaine Trouchet, vantant l'intrépidité et la bravoure du prince Bonaparte.

Au moment où le témoin se retirait, Pierre-Napoléon se leva et s'adressant à Me Laurier, lui dit :

« Vous avez ri tout à l'heure quand parlait le brave capitaine Trouchet, qui a eu la poitrine traversée par une balle à côté de moi. S'il n'a pas beaucoup de rhétorique, il a du moins beaucoup plus de courage que vous, Me Laurier, et que la faction à laquelle vous appartenez. »

L'avocat, ainsi insulté, se tourne vers la cour et dit :

« Je prie la cour de remarquer que j'ai toujours eu la plus grande déférence pour l'accusé, et que l'accusé vient d'oublier le respect qu'il doit à mon caractère, auquel je ne lui reconnais pas le droit de manquer. »

Alors, le prince bondissant, la main levée, dans la direction de Me Clément Laurier, s'écrie d'une voix vibrante de colère :

« Oui! vous avez ri de mon camarade Trouchet qui a eu la poitrine trouée d'une balle en combattant, en face, les ennemis de la France.

— Et vous, vous avez assassiné Victor Noir ! s'écrie une voix stridente, au fond de la salle.

Un tumulte indescriptible se produit. L'émotion est à son comble. Tous les regards sont tournés au fond de l'auditoire. M. Ulric de Fonvielle, en proie à une violente surexcitation, monté sur un banc, s'écrie d'une voix haletante :

« Pierre Bonaparte, ose donc me regarder en face et me dire que tu n'as pas assassiné Victor Noir ! Assassin ! Assassin ! Assassin ! »

De toutes parts, des vociférations se croisent. Les cris : « A mort ! A mort ! » retentissent. Un groupe menaçant se précipite sur Pierre Bonaparte.

Le désordre est à son comble. Les partisans de l'empire s'efforcent de parvenir jusqu'à Ulric de Fonvielle. Ce dernier se débat furieusement : les gendarmes l'emmènent.

Le calme se rétablit peu à peu. Le procureur Grandperret demande acte de la manifestation de M. de Fonvielle et dépose contre lui des conclusions tendant à une sévère condamnation pour outrages à la cour.

Me Laurier prenant la défense du nouvel accusé, dit :

« M. le Président, Messieurs les Membres de la haute cour, j'ai tout le calme nécessaire pour n'introduire dans ces débats, aucun élément irritant. Il appartient à nous, avocats, de donner l'exemple de la modération, même devant l'injustice, même devant l'insulte ; mais aussi, nous apportons ici, et nous devons apporter ici le courage, ce genre de courage qui consiste à faire respecter chez nous et chez les témoins, la liberté de la défense.

Eh bien ! tout à l'heure, sans provocation, sans raison, sans prétexte, un avocat a été l'objet d'une attaque violente, directe, personnelle de la part de l'accusé.

En ce qui me touche, je fais volontiers litière de pareilles injures.

Non, je ne me suis pas permis de rire de la déposition d'un témoin. Si l'accusé a cru cela, il s'est trompé, et il me permettra, en outre, de trouver singulier qu'il scrute ainsi mes intentions et les dispositions d'esprit où je me trouve.

Je ne veux rien dire de plus.

Personne n'a un plus profond respect que moi, non pour la personne, mais pour la situation de l'accusé. Dans les circonstances actuelles, je prie la cour de prendre toutes les mesures propres à rétablir le calme de l'audience et à user de conciliation.

En présence de ce mot de faction, après les paroles que vous avez appliquées à un parti, et à un grand parti,qui n'est pas celui de l'accusé peut-être, mais qui est le nôtre que nous revendiquons hautement ayant l'habitude d'en planter et d'en défendre partout le drapeau... »

Ici, le défenseur est violemment interrompu par le président Glandaz qui n'oublie pas son rôle de serviteur de l'empire.

« Concluez, dit-il, à Me Laurier. Vous devez répondre au ministère public. Nous ne sommes pas ici dans une enceinte politique. »

L'avocat termine sa plaidoirie en demandant qu'on ramène Ulric de Fonvielle.

La cour se réunit pour délibérer.

Les magistrats reviennent prendre possession de leurs sièges. Fonvielle est amené à la barre : la peine prononcée contre lui est de dix jours de prison.

CHAPITRE VII

A l'audience du 25 mars, l'avocat général Grandperret résuma les débats dans un discours lourd, empâté, suant le parlementarisme :

« Messieurs les hauts jurés, dit-il, nous touchons enfin au terme de cette douloureuse affaire ; le moment est venu pour nous de vous rappeler les principales charges de l'accusation et les principaux moyens de la défense.

Il semble que l'attention religieuse que vous avez prêtée à ces débats rende ce résumé inutile ; mais ce que la loi a surtout voulu, messieurs les jurés, en imposant ce devoir, c'est de laisser aux impressions trop vives que les discussions auraient pu produire sur l'esprit du jury le temps de se refroidir, afin qu'il rende sans passion et sans faiblesse le jugement que la société attend de lui.

Messieurs les jurés, entre qui votre conscience doit-elle décider ? Vous avez en présence : d'une part, les journalistes appartenant au parti le plus exalté; de l'autre, un prince qui porte le nom que vous savez.

Le doute qui plane sur les déclarations du prince n'est pas assurément la moindre amertume de sa position.

Quant à M. de Fonvielle, c'est à vous, messieurs, d'apprécier s'il a fait entendre une déposition impartiale ou s'il s'est présenté avec l'attitude suspecte d'un adversaire; s'il s'est posé en face de l'accusé comme un témoin ou comme un ennemi.

Victor Noir est une malheureuse victime! Mais est-elle seulement la victime du prince ?

D'une manière générale,n'est-ce point-là un de ces événements funestes, fatalement engendrés par cette presse d'invectives, de haine, qui redouble en ce moment même ses venimeux outrages à l'occasion de ce procès ; par cette presse qui est un véritable danger pour les mœurs et le caractère de notre pays.

Ce qui nous indigne aujourd'hui, c'est ce quelque chose de bas qui alimente une certaine publicité et qui semble menacer dans notre pays,non seulement la paix sociale, mais avec elle l'élan intellectuel, l'esprit, le goût, la loyauté, qui ne peuvent dégénérer un instant sans qu'on ressente au fond de l'âme une patriotique douleur. »

Puis, l'avocat général passe à la question de légitime défense ; il admet le soufflet que Pierre Bonaparte prétend avoir reçu de Victoir Noir, comme excuse légale, ce qui permet « d'abaisser la peine à une proportion énorme. »

Mais aller au-delà, ce serait dire que l'accusé se trouvait dans un cas de légitime défense, ce qui n'est pas. La légitime défense est une cause de justification absolue de l'homicide. Ce qui caractérise la légitime défense, c'est la nécessité, c'est l'obligation impérieuse et urgente de défendre sa vie, c'est l'imminence du péril, c'est l'impossibilité de s'y soustraire autrement qu'en frappant l'agresseur.

Mais si, au lieu d'un danger pressant, c'est une simple provocation qui a motivée l'homicide ; si c'est un outrage, une voie de fait, par exemple un soufflet, oh ! alors, celui qui tue sous l'impression de l'offense, donne la mort, non plus par nécessité de pourvoir à la sûreté de son existence ; mais selon sa passion, selon sa colère, son indignation, son emportement, sa vengeance. Il ne s'agit point pour lui de se défendre contre un agresseur, mais de le punir. Il usurpe ainsi le droit social ; il inflige une répression qui n'est pas mesurée par la justice, mais cruellement exagérée par un entraînement de la volonté. Si même, dans ce cas, notre législation consent généreusement à excuser l'homicide, elle n'a pas du moins la faiblesse de le déclarer légitime,

Le prince n'admet pas l'excuse de la provocation. Elle ne ferait qu'atténuer la peine. « Qu'importe la peine ? » objecte le prince. Ce n'est pas sa vie, c'est son honneur, c'est l'honneur de son caractère, de sa famille, le plus précieux patrimoine de ses enfants.

Le Prince a-t-il tiré sur Victor Noir pour venger l'outrage qu'il venait de recevoir et non pour défendre sa vie ? C'est l'indignation et la colère qui l'ont entraîné et non la crainte. Ce n'était point là un cas de légitime défense, c'était un châtiment, une vengeance !

Cela est si vrai, messieurs, qu'il m'est impossible d'admettre que Fonvielle eût déjà son pistolet à la main lorsque Victor Noir a frappé le prince, et par conséquent lorsque celui-ci a fait feu.

Il était dans sa maison, des serviteurs à sa portée, un revolver dans sa poche; il avait à faire à des témoins, non à des assassins.

Sa défense était assurée. Non, ce ne peut pas être sous l'influence d'une honteuse peur que le prince a tiré ; il a voulu se faire justice à lui-même, effacer l'outrage reçu même au prix d'un homicide.

Si vous croyez que l'accusé a été provoqué par un acte de violence, que votre verdict lui en tienne compte. Mais aller au-delà ? Oh non, ne le faites pas ! »

L'avocat général termine ainsi :

« J'ai dû, pour la clarté du débat, réunir les arguments des deux orateurs de l'accusation et de la défense. Je n'ai plus, messieurs les jurés, qu'à livrer à vos consciences le jugement de cette difficile affaire. Au milieu des passions ardentes, je n'ai songé qu'à remplir mon devoir. A vous, messieurs les jurés d'accomplir le vôtre. »

CHAPITRE VIII

Les questions sur lesquelles les membres de la haute Cour avaient à se prononcer, étaient les suivantes :

PREMIER FAIT

Première question : Le prince Pierre-Napoléon Bonaparte est-il coupable d'avoir commis, le 10 janvier dernier, à Auteuil-Paris, un homicide volontaire sur la personne d'Yvan Salmon, dit Victor Noir ?

Deuxième question : Cet homicide volontaire a-t-il été précédé ou suivi de la tentative d'homicide volontaire, commise sur la personne d'Ulric de Fonvielle, et ci-dessous spécifiée ?

Troisième question résultant des débats : Pierre Bonaparte a-t-il été provoqué à commettre ledit homicide volontaire par des coups ou violences graves exercées sur sa personne ?

DEUXIÈME FAIT

Première question : Le prince Pierre-Napoléon Bonaparte est-il coupable d'avoir commis, le 10 jan-

4

vier dernier, à Auteuil-Paris, une tentative d'homicide volontaire sur la personne d'Ulric de Fonvielle, laquelle tentative, manifestée par un commencement d'exécution, n'a manqué son effet que par suite de circonstances indépendantes de la volonté de son auteur ?

Deuxième question : Cette tentative d'homicide involontaire a-t-elle été précédée ou suivie d'homicide volontaire commis sur la personne d'Yvan Salmon, dit Victor Noir, ci-dessus spécifié ?

Troisième question résultant des débats : Pierre Bonaparte a-t-il été provoqué à commettre ladite tentative d'homicide volontaire par des coups ou violences graves exercées sur sa personne ?

Les jurés se retirent dans la salle des délibérations. A deux heures trois quarts, la sonnette se fait entendre, La haute Cour reprend séance.

Le président Glandaz se lève et dit :

« Nous recommandons au public de s'abstenir de tout signe d'approbation ou d'improbation. Il marquera ainsi, par son silence, le respect dû à la justice.

» Monsieur le chef du haut Jury, veuillez faire connaître à la haute Cour le résultat de votre délibération. »

Le Chef du jury, debout, la main droite sur son cœur, prononce, au milieu d'un profond silence les paroles suivantes :

« Sur mon honneur et ma conscience, devant Dieu et devant les hommes, la déclaration du jury est : non, sur la première question du premier fait, non, sur la première question du second fait. »

Ainsi, le prince Pierre-Napoléon Bonaparte n'était point coupable d'avoir assassiné Victor Noir et tenté de tuer Ulric de Fontvielle !

Le président Glandaz prononce l'ordonnance suivante :

« Vu la déclaration du jury, de laquelle il résulte que le prince Pierre-Napoléon Bonaparte n'est pas coupable des faits à lui imputés, le déclarons acquitté de l'accusation portée contre lui ; en conséquence, ordonnons qu'il soit mis en liberté immédiatement s'il n'est détenu pour autre cause. »

Mes Bernheim et Clément Laurier, au nom de M. Salmon père, de Mme Salmon mère et de M. Louis Salmon, dit Noir, déposent des conclusions tendant à ce que le prince Pierre-Napoléon Bonaparte fût tenu à payer, aux époux Salmon, à titre de réparation civile et de dommages-intérêts la somme de cent mille francs et condamné aux dépens.

Après délibération de la haute Cour, le président donne lecture de l'arrêt suivant :

« La haute Cour, statuant sur la demande en dommages-intérêts formée par les époux Salmon et par Louis Salmon, dit Noir ;

Attendu, en fait, que s'il résulte de la déclaration du jury que le prince Pierre-Napoléon Bonaparte n'est pas coupable des crimes de meurtre et de tentative de meurtre qui lui étaient imputés, cette déclaration n'implique pas la négation du fait matériel ;

Par ces motifs,

Condamne le prince Pierre-Napoléon Bonaparte à payer aux époux Salmon la somme de vingt-cinq mille francs à titre de dommages-intérêts ;

Condamne lesdits époux Salmon, Louis Salmon, dit Noir, aux dépens envers l'Etat du procès criminel ;

Condamne le prince, à titre de dommages-intérêts, à rembourser aux dites parties civiles le montant desdits frais ainsi que ceux faits par eux ;

Et condamne le prince Pierre Bonaparte à tous les frais de l'incident civil en ce compris le coût, enregistrement et signification du présent arrêt. »

La session de la haute Cour est close. L'audience est levée.

Comme conclusion de l'arrêt rendu par le tribunal de Tours, le journal la *Marseillaise*, publiait le 26 mars 1870, les quelques phrases suivantes, d'une simplicité éloquente :

« Pierre Bonaparte est acquitté.
Victor Noir est dans la tombe.
Ulric de Fonvielle est en prison.
Paschal Grousset est en prison.
Henri Rochefort est en prison.
Milière, Rigault, Bazire, Dereure, sont en prison. »

CHAPITRE IX

L'acquittement du prince Pierre-Napoléon Bonaparte frappa de stupeur la France toute entière. Tous les honnêtes gens voyaient dans l'arrêt de la haute Cour le meurtre glorifié, l'existence de chacun méconnue, la justice foulée aux pieds.

Le seul condamné était M. Ulric de Fonvielle, l'honneur et la loyauté même, dont le témoignage ne saurait être suspecté. Les battus payaient l'amende !

En parcourant le compte-rendu des débats des 21, 22, 23, 24 et 25 mars 1870, en lisant la déclaration du témoin du drame d'Auteuil, il est aisé de constater que la version du prince Pierre Bonaparte est complètement fausse. Victor Noir, dit-il, l'a frappé au visage. Et comme preuve à l'appui, il fait constater par les médecins une ecchymose qu'il porte à la joue gauche, trace du coup reçu.

Cette contusion a été produite par un corps dur, une bague, par exemple. Or, Victor Noir ne portait pas de bague. L'ecchymose n'était donc point le résultat d'un soufflet ou d'un coup quelconque donné par Noir.

L'histoire dira que, sans aucune provocation, le prince Pierre-Napoléon Bonaparte a tué traîtreusement le jeune républicain.

L'empire, voyant chaque jour grossir le terrible orage qui menaçait de l'emporter, sentant approcher l'heure du châtiment prédit par Victor Hugo, résolut de porter un coup suprême à l'opposition menaçante. Le régime de décembre s'empêtra dans ses propres filets.

A ce moment, un observateur attentif ne pouvait se faire aucune illusion sur la chûte prochaine du gouvernement autoritaire qui, depuis dix-huit ans, foulait aux pieds les notions les plus sacrées du Droit et de l'honneur.

Il n'est pas inutile, croyons-nous, de rappeler les défaillances et les hontes du passé afin qu'elles servent de leçon aux générations de l'avenir.

Sachons nous souvenir ! L'empire a commis des fautes impardonnables, des crimes ; mais nous lui avions livré notre pays !

Aujourd'hui, en parcourant la liste trop longue, hélas ! des événements désastreux qui se sont succédé, vous éprouvez des sentiments d'amertume, des pensées de colère. Français, baissez la tête ! Frappez-vous la poitrine ! C'est votre châtiment. Par sept millions cinq cent mille oui, n'avez-vous pas sanctionné l'écrasement de la liberté, de l'égalité et de la justice ?...

Le 16 juillet 1891, le monument élevé à Victor Noir, par souscription publique, fut inauguré au Père-Lachaise. Deux mille personnes environ, assistaient à cette imposante cérémonie. On remarquait dans la foule : MM. Louis Noir et son fils, Ulric de

Fonvielle, Paschal Grousset, Jules Claretie, Anatole de la Forge, etc.

M. Auguste Vacquerie, rédacteur du *Rappel,* a pris la parole. Nous extrayons du discours prononcé les lignes suivantes :

« Au moment où éclata la nouvelle sanglante, on sentit que Victor Noir ne mourait pas seul et que la balle dont il était frappé rebondissait sur l'Empire.

L'Empire avait déjà reçu les deux projectiles terribles, *Napoléon-le-Petit* et les *Châtiments*.

Il était blessé à mort. La balle d'Auteuil l'acheva.

On sent cela devant la statue comme on le sentit devant le corps. On sent dans cette figure gisante la chute de l'Empire. On sent que l'empire ne se relèvera pas plus que ce cadavre de bronze... »

M. Deschamps, vice-président du Conseil municipal de Paris, a rappelé les circonstances de la mort de Victor Noir et terminé ainsi :

« En déposant sur cette tombe, au nom du Conseil municipal, le tribut de nos hommages et de nos regrets, nous envoyons une pensée de gratitude et d'admiration à cette jeunesse des dernières années de l'Empire à qui Paris doit la chute d'un gouvernement abominable et l'avènement de la République. »

MM. Paschal Grousset et Ulric de Fonvielle ont également payé à Noir, le tribut de regrets qui lui était dû.

De magnifiques couronnes ont été déposées au pied du monument, chef-d'œuvre du sculpteur Dalou.

Victor Noir est mort pour la République, succombant dans la lutte acharnée qu'il livrait à la dictature ; il a accompli son devoir jusqu'au bout. Inclinons-nous devant sa tombe.

Ne faisons point entendre de nouvelles et inutiles récriminations ; mais jurons à nous-mêmes de repousser tout autre forme de gouvernement que celle qui nous régit à cette heure, qui répond à toutes les aspirations légitimes, qui est le régime du progrès par excellence.

Nous, les jeunes, qui n'avons pas vu il y a vingt-quatre ans, notre patrie foulée aux pieds par la lourde botte germanique, qui n'avons pas ressenti toutes les hontes et toutes les humiliations dont notre chère France a été abreuvée en 1870-1871, qui n'avons pas assisté au douloureux spectacle d'un gouvernement affolé, sacrifiant la nation à la dynastie, devons rejeter sur leurs véritables auteurs le poids de toutes ces fautes et de tous ces malheurs.

Jeunes gens, l'espoir de la France, la force de la démocratie, tenez haut et ferme le drapeau de la République qui a déjà tant fait pour le pays et fera encore davantage.

Votre devoir est d'assurer la vitalité du gouvernement actuel : sachez-le remplir sans hésitation et sans faiblesse.

FIN

LIGUE UNIVERSELLE

POUR LA PAIX LA JUSTICE ET LE DROIT

PRÉSIDENT FONDATEUR

M. Edouard GRIMBERT

Président de la Société internationale de sténographie
et de l'Association de la presse pacifique;
directeur de la *Revue Pacifique et Littéraire,* du journal du *Patriote*
et de la *Correspondance Pacifique.*

Bureaux : **Sainte-Colombe par Pont-Royal** (Côte-d'Or)

Aux Amis de la Paix des Deux-Mondes

C'est à vous que nous dédions ces quelques lignes, persuadés que vous ne refuserez pas d'apporter votre pierre à l'édifice du Droit qui s'élève, de nous adresser le grain de mil que nous attendons.

Nous avons le ferme espoir que vous vous grouperez tous sous le même étendard : l'étendard de la Liberté et du Bien, l'étendard de la Ligue universelle pour la Paix , la Justice et le Droit.

Tous, sans aucun doute, êtes unanimes à abhorrer la guerre et à désapprouver les organisations militaires qui provoquent le fléau : tous, devez donc vous unir pour travailler ensemble au triomphe d'une cause sainte et sacrée qui est le triomphe de la Justice et du Droit sur la force.

La situation est telle en Europe que, depuis vingt-trois ans l'on vit dans une perpétuelle inquiètude. Une pareille situation ne saurait se prolonger indéfiniment. L'humanité ne peut vivre dans cette épouvante, car il lui faut la sécurité, la confiance dans l'avenir et elle n'aura ces deux choses que lorsque la paix sera définitivement assurée.

Réfléchissez bien que nous sommes à la veille d'un égorgement général et qu'il suffirait d'une seule étincelle qui mette le feu aux poudres pour noyer toutes les libertés dans des flots de sang. La terrible conflagration dont la menace est suspendue sur le continent européen, peut, dès demain, englober le continent tout entier.

Affirmez une fois de plus votre dévouement à la cause de la Paix ! Citoyens des Deux Mondes, indépendants et raisonnables, attachés aux idées de travail, de tolérance et de liberté, levez-vous en masse pour secouer le joug de la tyrannie qui pèse sur vous. Préparez dans l'entière mesure de vos forces le triomphe de la Justice et du Droit.

La Ligue universelle pour la Paix, la Justice et le Droit ne dépend d'aucune coterie; sans distinction de partis, elle fait appel à tous ceux qui ont au cœur l'amour du travail, de la paix, de la tolérance et de la liberté ! Elle tient à tous indistinctement, à tous les citoyens indépendants et raisonnables le même langage et souhaite qu'il soit connu de tous.

N'utilisera-t-on point tous ces engins de destruction et de mort que l'on fabrique sans relâche depuis plus de vingt ans?

Les intelligences, les esprits amoureux de la Justice et du Bien doivent se grouper afin de répondre négativement à cette question et travailler à atteindre le but proposé : suppression de la guerre infâme.

Chers lecteurs, manifestez hautement votre ardent désir pour la Paix, et si l'œuvre des gouvernements fait défaut, remplacez-la par votre bon sens et votre volonté énergique.

Guerre à la guerre ! Levez haut, levez bien haut la bannière de la Ligue universelle. Qu'elle flotte au-dessus de toutes les dissensions intestines, au-dessus de tous les misérables intérêts de partis, et vous tous, qui que vous soyiez, quelle que soit la position sociale que vous occupiez, venez aider notre société dans sa mission humanitaire, venez combattre sous son drapeau où est écrit le programme suivant : Suppression de la guerre ; vulgarisation des idées d'arbitrage international, venez à elle, secondez ses efforts. Votre nombre augmentera sa force, force qui, désormais, sera la vôtre.

Nous comptons sur vous et osons espérer que votre concours ne nous fera point défaut.

Affirmez hautement que vous ne désirez point la guerre qui ruinerait fatalement vainqueurs et vaincus et répétez tous ce cri de ralliement de tous ceux qui aiment sincèrement leur patrie et l'humanité : « Vive la Paix ! Vive la Liberté ! »

En attendant que nous ayons le plaisir de vous recevoir dans notre sein à titre de membre quelconque, nous vous prions d'agréer l'assurance de nos sentiments dévoués et fraternels.

EDOUARD GRIMBERT,
Président-fondateur de la Ligue universelle pour la Paix, la Justice et le Droit.

STATUTS DE LA LIGUE UNIVERSELLE

Pour la Paix, la Justice et le Droit

ARTICLE PREMIER. — La Ligue universelle pour la Paix, la Justice et le Droit, dûe à la fusion de la Ligue française pour la Paix et de l'Association Internationale pour la Justice et le Droit, vient d'être fondée. Son président est M. Edouard Grimbert, publiciste, à Sainte-Colombe par Pont-Royal (Côte-d'Or).

ART. 2. — Les membres de la Ligue universlle pour la Paix, la Justice et le Droit ;

Considérant que la guerre, ce terrible fléau, épuise les forces vives et les ressources intellectuelles des nations ;

Considérant que le militarisme, ce tyran du XIXe siècle, pousse les gouvernements sur une pente rapide au bout de laquelle se trouvent la ruine et la mort ;

Considérant que le régime de la paix armée sous lequel l'Europe vit depuis vingt-trois ans enfouit dans les casernes toute une génération qui pourait faire fructifier l'agriculture et rendre prospère l'industrie ;

Considérant que si les gouvernements désirent la guerre, les peuples veulent fermement la paix, et que les gouvernements, au lieu d'assurer aux peuples les bienfaits de la paix, les écrasent sous le poids de gigantesques armements ;

Considérant qu'il appartient à tous de contribuer à épargner à l'humanité les horreurs de la guerre et les lourdes charges qui pèsent sur elle ;

Considérant qu'il est du devoir des citoyens de travailler au triomphe des principes de la Paix et de propager dans l'entière mesure de leurs forces les idées de désarmement et d'arbitrage international ;

Invitent tous les partis, tous les gens de cœur, tous les amis du Droit et de la Liberté à se joindre à eux pour encourager tout ce qui tend à assurer le maintien de la paix ;

Et engagent chaque femme, mère, sœur, épouse, à manifester toutes les fois que leur voix pourra être entendue leur ardent amour pour la Paix.

ART. 3. — La Ligue universelle pour la Paix, la Justice et le Droit comprend : 1° Des membres fondateurs ; 2° Des membres actifs ; 3° Des membres protecteurs ; 4° Des membres sociétaires ; 5° Des membres adhérents.

ART. 4. — Sont fondateurs, ceux qui donnent à la Ligue une somme annuelle de 50 francs ; sont actifs, ceux qui paient une cotisation de 20 francs par an ; sont protecteurs, ceux qui donnent 10 francs par an ; sont sociétaires, ceux qui versent une somme annuelle de 5 francs ; sont adhérents, ceux qui paient 1 franc de cotisation par an.

Art. 5. — La Ligue universelle pour la Paix, la Justice et le Droit, fait appel à la générosité de tous ses membres. Tout souscripteur d'une somme de 100 francs au plus sera membre d'honneur de la Ligue. Les dons faits en argent ou livres seront reçus avec reconnaissance. Les noms des donateurs seront publiés dans la Bibliothèque pacifique universelle.

Art. 6. — Toutes les demandes de renseignements, communications, envois de souscriptions, etc., devront être adressés à M. Grimbert Edouard, président de la Ligue universelle pour la Paix, la Justice et le Droit, à Sainte-Colombe par Pont-Royal (Côte-d'Or) France.

PUBLICATIONS DE LA LIGUE UNIVERSELLE

Pour la Paix, la Justice et le Droit

1° La Revue Pacifique et Littéraire publiée sous la direction de M. Edouard Grimbert. Abonnements : un an : 12 francs ; six mois : 6 francs ; trois mois ; 3 francs. Le numéro 60 centimes.

La *Revue Pacifique et Morale* paraît les 1er et 15 de chaque mois, par livraisons de seize pages de texte, sous couverture en couleur. Avec son premier numéro, elle ouvre deux concours trimestriels. La liste des éminents collaborateurs qui lui ont assuré leur concours en fait une publication de premier ordre.

2° Le Journal du Patriote

publié sous la direction de M. Edouard Grimbert, paraissant tous les dimanches, complément nécessaire, indispensable de la Revue. Abonnements ; un an : 5 francs ; six mois ; 2 fr. 50 ; trois mois : 1 fr. 25.

3° La Bibliothèque Pacifique Universelle

paraissant les 1er et 15 de chaque mois sous la direction de M. Edouard Grimbert. Abonnements : un an : 15 francs ; six mois : 8 francs ; trois mois : 4 francs.

Nous recommandons, en outre, à nos lecteurs, les divers ouvrages suivants :

La *Guerre*, par Edouard Grimbert, une brochure, franco : 50 centimes.

Jeanne d'Arc (en préparation), un beau volume franco : 2 francs.

Les Combats de 1870-1871 (en préparation) ; un beau volume, franco : 5 francs.

Méthode de sténographie Grimbert, franco : 2 francs 50.

Adresser toutes les lettres à M. Edouard Grimbert, publiciste, à Sainte-Colombe, par Pont-Royal (Côte-d'Or).

Nimes, Imp. Veuve Laporte, ruelle des Saintes-Maries, 7. — 306

www.ingramcontent.com/pod-product-compliance
Ingram Content Group UK Ltd.
Pitfield, Milton Keynes, MK11 3LW, UK
UKHW021140230726
13926UKWH00002B/880

9 782014 039504